LES ÉCOLES

PRIVÉES LAÏQUES

DEVANT LES LOIS DU 1er JUILLET 1901
ET DU 4 DÉCEMBRE 1902

VANNES

IMPRIMERIE LAFOLYE

1903

LES ÉCOLES PRIVÉES LAÏQUES

DEVANT LES LOIS DU 1ᵉʳ JUILLET 1901 ET DU 4 DÉCEMBRE 1902

Un décret du 9 avril 1903, rendu en Conseil d'Etat, rapporte les divers ordonnances et décrets autorisant ou reconnaissant d'utilité publique treize instituts de frères enseignants.

D'autre part, les journaux publient une note officieuse émanant de la Direction des Cultes et de laquelle il convient de citer le passage suivant : « ...Notification a été faite à chacun des 1,913 autres établissements et en même temps avis a été donné aux *propriétaires des établissements où les congréganistes n'étaient pas chez eux*, de manière à ce que les uns et les autres n'ignorent pas *les pénalités auxquelles ils s'exposent en vertu des lois du 1ᵉʳ juillet 1901 et 4 décembre 1902.* — Une fois les délais impartis écoulés... *le rôle des parquets commencera* et des poursuites seront activement menées contre tous les établissements qui se seront perpétués ou qui, *sous le prétexte de prétendue sécularisation sur place*, ne se seront pas dissous. »

Il y a lieu, semble-t-il, en présence de cette note, d'examiner quelle est exactement la situation juridique des établissements scolaires tenus par d'anciens frères sécularisés et quelle est, au point de vue légal, la valeur et la portée des menaces ministérielles. Mais, avant d'entreprendre cet examen, en ce qui concerne tant les anciens frères que les propriétaires, il importe de tirer de la note et du décret sus mentionnés trois conséquences importantes.

Iº. — Le pouvoir judiciaire est seul compétent pour ordonner la fermeture des établissements congréganistes.

La note déclare, en effet, qu'à l'expiration des délais impartis, « le rôle des parquets commencera et des poursuites seront activement menées ». Il n'y aura donc plus d'exécution et de fermeture par l'autorité administrative ; mais uniquement des poursuites judiciaires.

Il ne peut en être autrement et la loi du 4 décembre 1902 a eu pour objet de remplacer en tous les cas les sanctions d'ordre

administratif par les sanctions d'ordre pénal. Pour s'en convaincre, il n'y a qu'à lire l'exposé des motifs de cette loi et les
déclarations de M. le Président du Conseil lors de sa discussion
à la Chambre des Députés. Il suffit de citer ici ces dernières.
« La loi du 1er juillet 1901, dans son article 13, paragraphe 3,
attribuait au pouvoir exécutif le droit de fermeture des établissements congréganistes. En prenant le pouvoir, je ne demandais
pas mieux que d'assumer personnellement la responsabilité de
la mise à exécution de ce paragraphe.

» Ce sont les événements dont vous avez été témoins. . .

. . . .

» Nous ne sommes pas d'humeur à recommencer ce qui s'est
passé et nous voulons soustraire le pays aux agitations
auxquelles certains partis se complaisent.

» C'est pour cela que, conformément d'ailleurs à ce que vous
paraissiez vous-mêmes, *nous avons décidé de retirer désormais
au pouvoir exécutif la sanction du paragraphe 3 de l'article 13
et de la conférer aux tribunaux.* Voilà l'explication du projet de
loi qui a été déposé. » (*Journal officiel* du 18 octobre 1902.
Chambre des Députés. Débats parlementaires, p. 2.396.)

M. Combes était net et précis à la Chambre ; la note officieuse
qu'il fait publier n'est que la confirmation de ses déclarations :
Plus d'exécution administrative.

II°. — Le gouvernement reconnaît expressément les droits de propriété des propriétaires.

Reconnaître *les droits de propriété des propriétaires !* Ce sont
là des expressions qui paraîtront bizarres. Et cependant il
convient de les employer. L'on a vu déjà, et l'on verra encore,
des liquidateurs séquestres venir prétendre que tous les biens
occupés par des congréganistes doivent, malgré les titres de
propriétés les plus incontestables, être regardés comme appartenant à la congrégation et être liquidés conformément à l'article 18 de la loi du 1er juillet 1901.

Or, le gouvernement, en faisant aux propriétaires la notifi-
cation dont parle la note ci-dessus et en ordonnant aux parquets de les poursuivre en vertu de la loi du 4 décembre 1902,
reconnaît expressément leurs droits de propriété. Quels arguments les liquidateurs pourront-ils maintenant invoquer pour
attaquer les droits de ces propriétaires, puisque le gouvernement et les parquets dont ils sont les agents, les considèrent
comme incontestables ?

III°. — Les instituts de frères enseignants constituaient non des congrégations, mais des établissements d'utilité publique.

Cette conséquence, *la plus importante de toutes*, résulte incontestablement du décret du 9 avril 1903. En effet, quel est le but de ce décret ? C'est, d'après ces termes mêmes, de **rapporter** « les divers ordonnances et décrets *autorisant ou reconnaissant d'utilité publique* » les divers instituts de frères y énumérés. Le] gouvernement, le Conseil d'État admettent donc expressément que ces divers instituts formaient des établissements d'utilité publique puisqu'il a fallu un décret **rendu en Conseil d'État** pour leur retirer cette qualité. Au point de vue juridique et légal, avant comme après le vote de la Chambre du 18 mars 1903 et jusqu'au décret du 9 avril 1903, les instituts de frères constituaient des *établissements d'utilité publique* et c'est comme tels que ce décret les a dissous.

Cette conséquence a une telle importance au point de vue civil et au point de vue pénal, qu'il est utile d'indiquer sommairement les divers textes leur attribuant, avant le décret du 9 avril 1903, la qualité d'établissements d'utilité publique.

C'est d'abord l'ordonnance du 29 février 1816, rendue en exécution de l'article 109 du décret, loi du 17 mars 1808, sur l'Université : « *Toute association religieuse ou charitable*, telle que celle des écoles chrétiennes, porte l'article 36, pourra être admise à fournir, à des conditions convenues, des maîtres aux communes qui en demanderont, pourvu que cette association soit *autorisée par nous* et que les règlements et les méthodes qu'elle emploie aient été approuvés par notre Commission de l'instruction publique ».

L'ordonnance du 8 avril 1824 confirme l'ordonnance de 1816 : « Les frères des écoles chrétiennes de Saint-Yon et des autres congrégations régulièrement formées conservent leur régime actuel ». L'ordonnance du 21 avril 1832 porte également dans son article 10. « Des frères des écoles chrétiennes et des membres de *toute association charitable légalement autorisée* pour former ou pour fournir des instituteurs primaires ».

Plus tard fut promulguée la loi du 15 mars 1850 sur l'enseignement. C'était une loi de liberté. A-t-elle modifié la situation légale des instituts de frères? En aucune façon ; car elle était faite, non contre eux, mais en leur faveur ; leurs droits étaient expressément conservés, comme le déclarait formellement, lors de la discussion, le Ministre de l'Instruction Publique : « C'est disait-il, le fait actuel qui est maintenu, et personne ne peut s'en effaroucher. » (*Moniteur* du 21 février 1850, p. 523.)

Bien plus, de nombreux articles de cette loi du 15 mars 1850 viennent consacrer en termes formels l'existence légale de ces associations de frères reconnues par ordonnance ou décret comme établissements d'utilité publique. Les articles 31 et 34 visent expressément « *les associations religieuses* vouées à l'enseignement et autorisées par la loi ou *reconnues comme établissements d'utilité publique* ». Il en est de même de l'article 79. Et ces articles s'appliquent *exclusivement* aux *instituteurs*, c'est-à-dire aux frères ; quand il s'agit d'*institutrices*, l'article 49 parle uniquement de *congrégations religieuses*.

Antérieurement à cette loi du 15 mars 1850, ces associations, considérées comme établissements d'instruction publique ne pouvaient, conformément à l'article 187 du décret du 17 mars 1808, acquérir que par l'intermédiaire de l'Université. Mais la loi des 7-14 août 1850 a formellement reconnu leur entière capacité juridique. Après avoir décidé dans son article 14, § 2, que « les propriétés immobilières et revenus fonciers qui appartenaient à l'Université, feront retour à l'Etat », elle ajoute dans son article 15 : « Ne sont point comprises dans les prescriptions de l'article précédent les propriétés immobilières et les rentes affectées à des *établissements d'instruction publique*. Ces établissements continueront de pouvoir acquérir et posséder sous les conditions déterminées par les lois ». Cette disposition reconnaît donc expressément la capacité civile de ces établissements : un avis du comité de l'Intérieur du Conseil d'Etat du 12 avril 1851 et un autre avis du même Conseil du 23 décembre 1852 l'ont formellement admis en ce qui concerne les instituts de frères.

Postérieurement à la loi du 15 mars 1850, d'autres dispositions législatives sont venues encore confirmer la situation légale de ces instituts. Il suffit de citer la loi du 27 juillet 1872 (article 20, § 5), celle du 15 juillet 1889 (article 23) et le décret du 23 novembre 1889 (article 8, annexe D) qui accordent au point de vue du service militaire certaines dispenses aux « membres des associations religieuses vouées à l'enseignement et *reconnues comme établissements d'utilité publique* ».

Les associations de frères enseignants, en vertu de ces lois, formaient donc, comme ces sociétés d'instituteurs laïques dont parlent également les articles 20 § 5 de la loi de 1872 et 23 de la loi de 1889, de véritables établissements d'utilité publique et non des congrégations religieuses. C'est déjà, du reste, parmi les congrégations *laïques* que l'article 1er du titre I du décret du 18 août 1792 plaçait l'institut des frères des Écoles chrétiennes, et l'article 1er du titre III range expressément ces frères parmi les « *laïques* voués à l'éducation ».

Aussi, dans les actes du pouvoir exécutif les autorisant, nous ne trouvons aucune mention leur donnant le caractère de congrégations religieuses ou d'établissements ecclésiastiques : ce sont exclusivement des établissements d'utilité publique, des associations pour l'instruction primaire. Les textes légaux ou règlementaires qui y sont visés ne sont pas la loi du 18 germinal an X, le décret du 3 messidor an XII et la loi du 2 janvier 1817, mais bien les lois et décrets relatifs à l'instruction primaire, notamment la loi du 10 mai 1806, le décret du 17 mars 1808, les ordonnances des 29 février 1816 et 8 avril 1824, les lois des 15 mars et 14 août 1850. L'approbation de l'évêque diocésain *indispensable* pour la formation de tout établissement ecclésiastique n'est jamais sollicitée ; mais seulement l'avis du Conseil supérieur de l'Instruction publique. Ces associations enfin relèvent, non du Ministère des Cultes, mais de celui de l'Instruction publique ; le décret du 9 avril 1903 en offre encore la preuve éclatante : il a été rendu « sur le rapport du Ministre de l'Instruction publique et des beaux-arts », et est contresigné par lui ; c'est ledit ministre de l'Instruction publique et des beaux-arts que l'article 2 charge de son exécution.

Il paraît inutile d'insister : il suffira de faire connaître l'opinion conforme des auteurs les plus appréciés.

« La loi des 19 janvier, 29 février et 15 mars 1850, disent Aubry et Rau (*Code civil.* Tome I, § 54, note 18), admit implicitement par ses articles 31, 34 et 79 que les congrégations religieuses vouées à l'enseignement pourraient être *reconnues comme établissements d'utilité publique*, c'est-à-dire par un simple décret rendu en Conseil d'Etat. »

« Nous ne croyons même pas, fait remarquer Demolombe (*Code civil.* Tome XVIII, *Traité des Donations.* 1, n° 598, p. 598), qu'il y ait lieu de distinguer, comme on a entrepris de le faire, entre les communautés de frères qui existaient avant la loi du 2 janvier 1817 et celles qui se sont formées depuis. Est-ce que, en effet, les unes comme les autres, les nouvelles aussi bien que les anciennes, ne trouvent pas leur titre légal d'existence dans le décret du 17 mars 1808 ? »

Parlant des associations de frères, Block (*Dictionnaire de Droit administratif*, v° Congrégations religieuses, n° 7) s'exprime ainsi : « Il est important d'observer *qu'elles n'ont pas été autorisées comme congrégations religieuses)*; elles l'ont été seulement comme *associations charitables destinées à l'instruction primaire et comme établissements d'utilité publique. (Loi du 15 mars 1850, art. 31)*; elles dépendent à ce titre de l'administration de l'instruction publique, tandis que les congrégations religieuses d'hommes restent dans les attributions de l'administration des cultes. »

Batbie (*Droit administratif*, tome II, n° 477, p. 425) adopte sans hésiter la même opinion : « Dans plusieurs délibérations, dit-il, il (*le Conseil d'État*) a refusé de reconnaître aux frères de la Doctrine chrétienne le caractère d'*établissement ecclésiastique*, parce que, dans leur institution, le caractère d'*établissement d'enseignement* domine le caractère religieux. C'est en partant de cette idée qu'il a autorisé les frères de la Doctrine chrétienne à accepter des dons et legs faits avec réserve d'usufruit, nonobstant l'ordonnance du 4 janvier 1831, qui n'autorise pas les libéralités avec réserve d'usufruit en faveur des *établissements religieux.* »

Enfin, il convient de mentionner l'étude très complète de M. de Salveite, auditeur au Conseil d'État, publiée dans la *Revue critique de Droit et de Jurisprudence* (1859, tome XIV, p. 28 et s.). « En résumé, conclut-il (p. 44), toutes les associations d'hommes, religieuses et enseignantes, reconnues à quelque titre que ce soit depuis un demi-siècle, à compter des Frères des Écoles chrétiennes jusqu'à ceux de Saint-Jean-François-Régis et de Montebourg jouissent actuellement de la vie civile et possèdent les mêmes droits que les autres établissements publics. »

Le Conseil d'État lui-même, dans son avis du 16 janvier 1901, s'il refuse aux associations de frères le caractère de congrégations religieuses reconnues au sens de la loi du 2 janvier 1817, ne leur conteste nullement leur qualité d'établissements d'utilité publique ; il suffit de lire cet avis pour s'en convaincre.

Aussi, lorsque ces associations ont, sur les indications fournies à la tribune de la Chambre des Députés par M. Waldeck-Rousseau lui-même, adressé une demande d'autorisation pour former une congrégation religieuse dans les termes des articles 13 et 18 de la loi du 1er juillet 1901, elles ne l'ont fait que *subsi-*

diairement, en tant que besoin, en réservant expressément tous les droits qu'elles tenaient des ordonnances et décrets qui leur conféraient la qualité d'établissements d'utilité publique. Voici, à titre d'exemple, la conclusion de la demande des frères de l'Instruction chrétienne de Ploërmel qui étaient les premiers visés par le projet de loi : « ... Les soussignés ès-qualités, (supérieur et membres du conseil), tout en *réservant formellement et expressément* les droits résultant tant de l'ordonnance du 1er mai 1822 que du décret du 6 mai 1876, croient devoir vous demander, Monsieur le Ministre, *d'une façon subsidiaire et éventuelle*, de vouloir bien faire confirmer, *si besoin est*, par l'autorité compétente, la reconnaissance de l'Institut des Frères de l'Instruction chrétienne déjà accordée par les deux actes précités du pouvoir exécutif, ainsi que l'approbation de ses statuts donnée jadis par les délibérations du Conseil d'Etat des 26 avril et 3 mai 1876 et le décret du 9 mai suivant... »

La Chambre des Députés, par son vote du 18 mars 1903, en refusant de passer à la discussion des articles du projet de loi qui lui était soumis, a donc laissé les associations de frères dans le *statu quo*, et il a fallu le décret du 9 avril 1903, pour leur ôter leur caractère d'établissements d'utilité publique. Elles sont dissoutes en cette dernière qualité ; le texte du décret est formel et la circonstance que ce décret a été rendu *le Conseil d'État entendu* le prouve encore, puisque, pour les congrégations, d'après l'article 13 § 3 de la loi du 1er juillet 1901, il suffit, pour les dissoudre, *d'un décret rendu en Conseil des Ministres.*

En résumé, donc, il est incontestable que les Instituts de frères formaient, au point de vue légal, des établissements d'utilité publique et qu'ils ont été dissous en cette qualité.

Au point de vue civil, il en découle une conséquence importante. C'est que la liquidation de leurs biens doit être faite, non par un liquidateur séquestre conformément à l'article 18 de la loi du 1er juillet 1901, mais par un curateur, conformément aux articles 14 et 15 du premier décret du 16 août 1902. Tout jugement nommant un liquidateur devrait donc être attaqué pour ce motif par les intéressés.

Mais, dans ces quelques notes, il convient surtout de s'étendre sur les conséquences que peut avoir au point de vue pénal la conclusion qui vient d'être admise. Il faut les envisager : 1° en ce qui concerne les anciens frères sécularisés ; 2° en ce qui concerne les propriétaires des écoles qu'ils desservent.

1° Situation des anciens frères sécularisés.

Dans la note officieuse du Ministre, qui a été citée au début de cette étude, il est question de « *prétendue sécularisation sur place* ». Il convient donc d'examiner : 1° Les formes et conditions de la sécularisation ; — 2° La légalité de la sécularisation sur place ; — 3° Les textes de lois relatifs aux poursuites coorrectionnelles.

Mais, tout d'abord, une remarque importante s'impose : Au cas qui nous occupe, le mot *sécularisation* est une expression absolument impropre : il ne peut y avoir sécularisation à proprement parler, puisqu'il n'y a pas congrégation religieuse ; il y a simplement *sortie de l'association* dont on faisait partie : le mot : *laïcisation* conviendrait mieux. Toutefois le terme : *sécularisation* sera employé, dans cette étude, puisque c'est celui dont on se sert habituellement.

I°. — Formes et conditions de la sécularisation.

En ce qui concerne les membres des ordres monastiques et des congrégations religieuses dissoutes, l'on discute sur les formes et les conditions de la sécularisation. Circulaires ministérielles, jurisprudence administrative, jurisprudence judiciaire donnent sur ce point des décisions absolument contradictoires ; un point cependant paraît hors de discussion ; c'est que les tribunaux sont juges des circonstances de faits pour apprécier la régularité de la sécularisation. Toutefois, si les sécularisés invoquent en faveur de leur sécularisation, soit des décisions des congrégations romaines, soit des actes épiscopaux d'incorporation à un diocèse, la jurisprudence n'est pas encore bien établie sur la compétence des tribunaux judiciaires pour apprécier la légalité de tels actes. Pour les décisions des congrégations romaines, la jurisprudence tend à admettre que l'on ne peut utilement les invoquer qu'après leur enregistrement au Conseil d'État, conformément à la loi du 18 germinal an X ; les actes épiscopaux pourraient être déférés au Conseil d'État comme abusifs et contraires au décret du 3 messidor an XII. Rien ne fixe encore sur ce point. Diverses décisions judiciaires pouvant être utiles pour élucider cette discussion seront données en appendice.

Mais, comme on le voit, la loi du 18 germinal an X, le décret du 3 messidor an XII ne peuvent s'appliquer qu'aux religieux prêtres, ministres du culte. Pour les frères, rien de semblable, même si l'on considérait leurs instituts comme formant des congrégations religieuses (ce qui n'est pas). Dans ce cas, il suffirait d'un acte du supérieur les relevant des engagements qui les liaient à l'Institut : l'approbation de l'évêque diocésain ne serait même pas nécessaire : car ils ne dépendent pas de lui comme les religieux ministres du culte et les religieuses soumises à l'ordinaire conformément au décret du 18 février 1809 : leurs statuts approuvés sont muets sur ce point. L'autorité qui les reçoit dans l'Institut, c'est-à-dire le supérieur et son conseil, a le droit de les délier de leurs engagements : il suffit de l'accord mutuel. Le droit de sortir d'une congrégation est certain et formellement reconnu par le premier décret du 16 août 1901 qui dans son article 18, 3° parle « des dates d'entrée et de *sortie* » d'une congrégation. Des circulaires ministérielles antérieures, de nombreuses décisions judiciaires l'ont expressément admis : l'article 341 du code pénal sur la séquestration serait même applicable si le religieux ou la religieuse était retenu contre son gré.

Le raisonnement qui vient d'être fait repose sur une hypothèse qui n'existe pas, puisque, ainsi qu'il a été établi plus haut, les associations de frères n'ont jamais constitué des congrégations religieuses proprement dites, mais seulement des établissements d'utilité publique.

Or, pour les associations il existe un texte formel ; c'est l'article 4 de la loi du 1er juillet 1901 ainsi conçu : « Tout membre d'une association qui n'est pas formée pour un temps déterminé peut s'en retirer en tout temps, après payement des cotisations échues et de l'année courante, nonobstant toute clause contraire. » C'est l'application du principe général contenu dans l'article 1780 du code civil qui peut être également invoqué. Et que l'on ne vienne pas objecter que l'article 4 ne peut s'appliquer aux associations de frères, parce qu'il y est question de *cotisations !* Le législateur de 1901 prévoit en effet des *cotisations* non seulement pour les associations ordinaires (art. 6 de la loi), mais encore pour les établissements d'utilité publique et même pour les congrégations religieuses (art. 19, § 2, du décret du 16 août 1901).

Deux hypothèses donc, en vertu de cet article 4, pour la sortie d'une association. Ou bien les engagements contractés sont temporaires, et alors ils sont résolus par l'expiration du terme, sauf résiliation anticipée d'un commun accord ; ou bien aucune durée n'est déterminée, et alors l'associé peut sortir quand bon lui semble.

Telle est la règle générale qui devra être suivie toutes les fois qu'il n'y aura pas de dispositions et de clauses spéciales dans les statuts. Beaucoup de statuts d'associations de frères contiennent des articles relatifs à la sortie, notamment ceux des Frères de Marie ou Marianistes : dans ce cas, ils font la loi des parties.

Lors donc que d'anciens frères apporteront la preuve écrite qu'ils ont rompu tous liens avec l'Institut dont ils faisaient jadis partie, ce sera au Ministère public à **prouver** que cette *sécularisation est prétendue* et n'est pas sérieuse, qu'ils appartiennent toujours à l'Institut.

Cette preuve sera certainement bien difficile à faire, lorsque, avec l'attestation de leur ancien supérieur, ils pourront produire d'autres pièces et documents, tels, par exemple, que des traités passés à titre individuel et comme instituteurs laïques.

Le Ministère public fera alors état de la circulaire du Ministre de la Justice du 24 septembre 1901 et il y a lieu, en conséquence, d'examiner la légalité de la sécularisation sur place.

2° Légalité de la sécularisation sur place.

La sécularisation sur place est-elle légale dans l'état actuel de la législation ? La circulaire ministérielle qui vient d'être citée le nie : « Peut-être peut-on prévoir que certains membres de congrégations dissoutes par la loi chercheront à éluder ses prescriptions en se disant désormais sécularisés... Pour changer subitement une congrégation illicite en une association légale, il ne suffirait pas de transformer une modalité quelconque de sa vie extérieure. Vous ne laisserez pas tourner la loi avec cette facilité. D'ailleurs, quand les mêmes hommes seront restés dans la même maison pour y poursuivre la même communauté d'existence et s'y livrer aux mêmes œuvres, vous n'aurez pas d'effort à faire pour montrer, sous l'ajustement des détails improvisés, la persistance manifeste de la congrégation frappée par la loi. »

N'en déplaise à M. le Ministre de la Justice et à son collègue de l'Instruction publique qui a adressé aux autorités académiques une circulaire dans le même sens, jusqu'à cette heure, *aucun texte de loi* n'a défendu la sécularisation sur place. Ce que la loi n'a pas fait, une circulaire ne peut le faire, surtout en y appliquant une pénalité. L'adage ancien : « *Non est pœna sine lege* », est toujours une règle fondamentale de notre droit pénal.

Veut-on une preuve de la légalité d'une pareille sécularisation ? Elle se trouve dans les deux projets de lois qui ont été déposés à la Chambre des Députés par MM. Massé et Meunier et dont le but est justement de défendre la sécularisation sur place. Le projet Massé vise en effet toute personne « qui après avoir quitté la congrégation fonde un établissement d'enseignement ou enseigne *dans la localité où elle a enseigné comme congréganiste* ou dans un établissement non autorisé ayant appartenu à la congrégation et situé dans une autre localité ». Le projet Meunier limite l'interdiction d'enseigner « aux communes où la congrégation possède ou a possédé des établissements ». Pourquoi ces deux projets si déjà, d'après la législation en vigueur, la sécularisation sur place était défendue ?

Si donc il y a sécularisation réelle et régulière, les anciens frères ne sauraient actuellement être inquiétés et poursuivis s'ils continuent à enseigner sur place comme laïques.

Déjà de nombreuses décisions judiciaires ont admis la régularité de pareilles sécularisations. (Voir notamment : Jugements de Toulon 28 mai 1902 (*Gazette des Tribunaux* du 31 mai 1902) ; Marseille, 23 juin 1902 (*G. Trib.* du 26 juin 1902) ; Montpellier, 25 juin 1902 (*G. Trib.* du 2 juillet 1902) et 10 mars 1903 (*Croix* du 14 avril 1903) ; arrêts de **Chambéry**, 9 juin 1902 (*G. Trib.* du 14 juin 1902) ; Grenoble, 1er juillet 1902 ; Besançon, 30 avril 1902 ; Amiens, confirmant un jugement du tribunal de la même ville du 10 décembre 1902 ; etc.... etc...). Ces jugements et arrêts valent bien les circulaires ministérielles et préfectorales.

3° **Textes applicables en cas de poursuites correctionnelles.**

Quels textes le Ministère public invoquera-t-il à l'appui des poursuites correctionnelles qu'il pourra intenter ? La note officieuse les marque déjà : ce sont les lois du 1er juillet 1901 et du 4 décembre 1902. Passons en revue les divers articles et voyons s'ils sont applicables au cas qui nous occupe.

Voici d'abord l'article 14 de la loi du 1er juillet 1901. Mais, il ne vise que celui qui « *appartient* à une congrégation religieuse non autorisée ». Or, par hypothèse, l'instituteur, s'il a appartenu à une congrégation, ou pour mieux dire, à une association enseignante, ne lui appartient plus, puisqu'il a été régulièrement sécularisé. Le texte de cet article est formel : il ne suffit pas *d'avoir appartenu*, il faut encore *appartenir actuellement* à une congrégation religieuse non autorisée pour tomber sous le coup de l'article 14. Les travaux préparatoires sont absolument d'accord sur ce point avec le texte : pour s'en convaincre, il suffit de parcourir les débats parlementaires, lors de la discussion de cet article 14 : le texte du projet déclarait incapable d'enseigner quiconque avait appartenu à une congrégation non autorisée ; et c'est M. Waldeck-Rousseau lui-même, qui a demandé la modification de ce texte, ne voulant pas créer une *capitis diminutio* à l'encontre des anciens congréganistes. La loi du 18 août 1792 elle-même admettait dans son article 6 le droit pour les membres des congrégations supprimées de continuer l'enseignement à titre individuel.

L'article 16 ne saurait non plus être appliqué, puisque les anciens frères ont cessé de faire partie de l'association dissoute, avant les délais de grâce accordés par le gouvernement, délais pendant lesquels ils étaient *extra pœnam* même d'après la jurisprudence de la Chambre criminelle de la Cour de Cassation qui n'a pas adopté sur ce point la thèse de la circulaire ministérielle.

Du reste, cet article 16 ne peut atteindre que ceux qui font partie d'une *congrégation* non autorisée. Or, même en supposant que les frères aient continué à faire partie de leur ancien Institut (ce qui n'est pas), ils ne pourraient tomber sous le coup de cet article 16, puisqu'il a été démontré au début de cette étude que les Instituts de frères constituaient non des congrégations religieuses, mais des établissements d'utilité publique, de l'aveu du gouvernement lui-même.

Mais, objectera-t-on, ces établissements d'utilité publique ont été dissous par le décret du 9 avril 1903. C'est exact, alors il faut chercher dans la loi, en dehors de cet article 16, une autre disposition légale, punissant ceux qui continueront à faire partie d'un *établissement d'utilité publique dissous*. Or, ce texte, on le cherchera en vain dans la loi de 1901. Ce n'est pas, en effet, l'article 8 qui peut être appliqué : son paragraphe 2 ne vise *exclusivement* que les *associations déclarées maintenues ou reconstituées illégalement après le jugement de dissolution*, et non les établissements d'utilité publique dissous par un décret rendu en Conseil d'Etat. Ce n'est pas l'article 12 : car son paragraphe 2 ne peut s'appliquer qu'aux associations mentionnées au paragraphe 1er.

Donc, aucun texte punissant les anciens membres d'un établissement d'utilité publique dissous. Et cela se comprend, parce qu'il leur est parfaitement loisible, sauf l'application de l'article 12, de se reconstituer légalement soit en association de personnes conformément à l'article 2, soit en association déclarée conformément à l'article 5.

Si le Ministère Public prétendait, malgré l'évidence, que les anciens frères forment en dépit du décret du 9 avril 1903 et de leur sécularisation parfaitement régulière, une congrégation non autorisée, nous ne pensons pas que les tribunaux puissent même dans ce cas, leur faire application de l'article 16.

Nous ne voulons pas parler de l'argument tiré du texte même de cet article qui, contrairement à celui de l'article 8, ne semble viser que les congrégations qui se seraient formées postérieurement à la loi de 1901 et non celles qui existaient antérieurement. De nombreuses décisions judiciaires l'avaient admis à la suite d'une consultation émanant des professeurs les plus distingués des facultés de droit. (Voir notamment : Trib. de St-Etienne, 18 mars 1902 ; St-Omer, 9 avril 1902 ; Montbrison, 28 avril 1902 ; Nîmes, 21 octobre 1902 ; C. de Chambéry, 5 juin 1902 ; etc... Mais la Chambre criminelle, dans son arrêt du 6 novembre 1902, a adopté une opinion contraire.

Quoi qu'il en soit de cet arrêt même de la Chambre criminelle, il résulte que les membres des congrégations qui ont demandé l'autorisation conformément à l'article 18 ne peuvent être poursuivis en vertu des articles 14 et 16, tant que l'autorisation qu'elles ont sollicitée ne leur aura pas été refusée.

Or, peut-on dire que le vote de la Chambre des Députés du 18 mars doive être considéré comme un refus d'autorisation dans les termes de l'article 18 ? Nous ne le pensons pas. Quel acte faut-il pour autoriser ou ne pas autoriser une congrégation ? L'article 13 est formel : il faut une loi. « Aucune congrégation religieuse, porte cet article, ne peut se former *sans une autorisation donnée par une loi* qui déterminera les conditions de son fonctionnement ». Une loi suppose nécessairement un vote des deux Chambres : et ce vote n'existe pas au cas actuel. M. le Ministre de l'Intérieur était *jadis* absolument d'accord avec nous sur ce point. « Il a paru, lisons-nous dans le rapport qui précède le décret du 16 août 1901, que, dans l'esprit de la loi, le **pouvoir législatif** *est seul qualifié* pour statuer sur une demande d'autorisation *soit dans un sens, soit dans un autre.* » Et le Conseil d'Etat, se conformant ainsi non seulement à l'esprit, mais encore au texte de la loi, avait inséré dans l'article 21 du décret du 16 août 1901, un paragraphe 2 ainsi conçu : «...Il (le Ministre) soumet au Parlement les projets de loi tendant soit à accorder, soit à refuser l'autorisation ». C'était une disposition absolument légale, conforme à l'article 13. Un décret postérieur a bien modifié l'article 21 ; mais il faut remarquer qu'un décret contenant une disposition contraire à la loi est entaché d'excès de pouvoir et ne peut avoir aucune force obligatoire : la jurisprudence est formelle sur ce point : il suffit de citer un arrêt de la Chambre criminelle du 17 janvier 1902 (D. P. 1902. 169 et note). Aucune loi refusant l'autorisation sollicitée n'a été ni votée, ni publiée, ni promulguée ; aucune *décision* contenant ce refus n'a été, conformément à l'article 25 du décret précité, notifié aux demandeurs : car un vote n'est pas une décision.

Comme conséquence, on doit donc admettre que, même considérés comme appartenant encore à une congrégation religieuse (ce qui n'est pas et n'a jamais été), les anciens frères ne pourraient tomber sous le coup de l'article 16, puisque l'autorisation n'a pas été refusée par une loi à leurs Instituts.

En résumé, des poursuites correctionnelles ne peuvent pas être légalement intentées, en vertu de la loi du 1er juillet 1901, aux anciens frères sécularisés même sur place.

Il semble inutile d'ajouter qu'aucune disposition de la loi du 30 octobre 1886 ne s'oppose à ce qu'ils continuent de faire leurs classes, même sans faire une nouvelle déclaration d'ouverture. Cette déclaration n'a pas besoin, en effet, d'être renouvelée quand le titulaire reste le même ; car, qu'il soit congréganiste ou laïque, c'est toujours en son nom propre et personnel que le récépissé est délivré.

Quant à la loi du 4 décembre 1902, nous allons voir en étudiant la situation des propriétaires d'écoles qu'elle ne s'applique pas aux congrégations non autorisées.

II° Situation des propriétaires d'écoles

Le Ministre de l'Intérieur, dans les avis qu'il donne aux propriétaires d'écoles relativement au vote du 18 mars 1903, les menace de poursuites, même dans le cas où les établissements scolaires seraient desservis par d'anciens sécularisés. La loi du 1er juillet 1901 et celle du 4 décembre 1902 sont mises en avant pour les effrayer. Or aucune de ces deux lois, dans le cas qui nous occupe, ne leur paraît applicable.

Tous les arguments qui ont été invoqués en faveur des anciens frères peuvent être également mis en avant par les propriétaires. Il est inutile de les reproduire.

En outre, il résulte des travaux préparatoires que les pénalités ne sont applicables aux propriétaires que s'ils n'ont pas été de bonne foi, s'ils ont agi dans une intention délictueuse. Si donc les frères leur ont justifié de leur sécularisation, s'ils ont cru de bonne foi qu'ils traitaient avec des instituteurs laïques, aucune peine ne saurait être prononcée contre eux.

Mais il y a plus : aucune disposition soit de la loi du 1er juillet 1901, soit de celle du 4 décembre 1902, ne peut les atteindre, même dans le cas où les tribunaux jugeraient (ce qui paraît impossible) que les anciens frères, malgré leur sécularisation, ont continué à faire partie de leurs Instituts dissous.

Ont-ils jugé que ces Instituts étaient des établissements d'utilité publique, comme il a été démontré ci-dessus? Nous avons déjà exposé que l'article 8 ne leur était pas applicable : dans son 3me comme dans son 2me paragraphe, il vise exclusivement comme nous l'avons dit, les associations déclarées dissoutes par un jugement. Dans l'article 13, qui ne concerne pas du reste les établissements d'utilité publique, aucune disposition ne mentionne les propriétaires.

Les tribunaux ont-ils jugé, au contraire, que les anciens frères faisaient toujours partie d'une congrégation non autorisée, comme le prétend la note ministérielle et les avis préfectoraux? L'article 16 va recevoir son application : ce n'est pas douteux. Mais, par malheur pour le Ministère Public, cet article n'atteint pas les propriétaires. Il vise uniquement les membres de la congrégation : le paragraphe 2 est formel et il renvoie uniquement pour la peine à l'article 8, paragraphe 2 et non au paragraphe 3 qui seul mentionne les propriétaires. Et que l'on ne vienne pas prétendre que ce paragraphe 3 a une partie générale et concerne toutes les associations et congrégations! Jamais, jusqu'à ce jour, aucun procureur de la République n'a osé le soutenir : les congrégations sont soumises à des règles spéciales contenues au titre III de la loi de 1901 : aucune pénalité des titres I et II ne peut leur être appliquée sans un renvoi formel. Du reste le texte du paragraphe 3 de l'article 8 s'oppose lui-même à une pareille interprétation.

Donc, aucune peine contre les propriétaires en vertu de la loi du 1er juillet 1901.

Reste la loi du 4 décembre 1902.

Sans doute au grand étonnement du Ministre de l'Intérieur

et de ses préfets, du Ministre de la Justice et de ses procureurs, nous n'hésitons pas à affirmer qu'elle ne peut être appliquée aux *congrégations non autorisées!* Pour s'en convaincre, il suffi de lire les travaux préparatoires et le texte de cette loi.

« La loi du 1er juillet 1901 dans son article 13, lit-on dans l'exposé des motifs de la proposition nouvelle (*Journal officiel, Chambre des Députés,* annexe n° 345 au procès-verbal de la séance du 17 octobre 1902), dispose qu'aucune congrégation ne peut se former sans une autorisation législative et qu'une fois autorisée elle ne peut fonder un nouvel établissement qu'en vertu d'un décret rendu en Conseil d'Etat...

» Cette même loi a prévu le cas où une congrégation se constituerait au mépris des dispositions de l'article 13 qui viennent d'être rappelées et elle a établi, pour réprimer cette infraction, un certain nombre de sanctions appliquées par les tribunaux.

» *Mais, lorsqu'une congrégation autorisée crée un établissement, sans s'être pourvue au préalable d'un décret d'autorisation, la loi ne contient aucune sanction d'ordre pénal.*

» Il en est de même *lorsqu'un décret de fermeture étant intervenu,* il n'y est pas obéi par les personnes faisant partie de l'établissement.

» Les événements récents qui se sont produits sur plusieurs points du territoire, à l'occasion des décrets régulièrement pris par le Gouvernement en vertu de la loi du 1er juillet 1901, ont fait apparaître avec évidence *cette lacune de la loi.* Le projet que nous avons l'honneur de déposer a *pour objet de compléter la législation sur ce point...*

Donc, d'après cet exposé des motifs, il faut faire une distinction entre les congrégations non autorisées d'une part et les établissements non autorisés d'une congrégation autorisée. Les premières restent soumises à la loi de 1901 et sont punies des pénalités édictées par ses articles 14 et 16 ; les seconds, au contraire, sont seuls visés par la loi du 4 décembre 1902.

Le texte de cette dernière loi confirme cette solution. « Seront passibles des peines portées à l'article 8, paragraphe 2: 1° Tous individus qui, *sans être munis de l'autorisation exigée par l'article 13, § 2,* auront ouvert et dirigé un établissement congréganiste de quelque nature qu'il soit... »

Or, quel établissement congréganiste peut être ouvert en vertu de l'article 13, § 2 ? Il suffit de lire cette article pour voir qu'il s'agit uniquement *d'un nouvel établissement fondé par une congrégation antérieurement autorisée par une loi.*

Le paragraphe 2 déclare également punissables : « Tous ceux qui auraient continué à faire partie d'un établissement dont la fermeture aura été ordonnée conformément à l'article 13, § 3 ». Or quels sont les établissements visés par cet article ? Ce sont *les établissements dépendant d'une congrégation autorisée fermés par un décret rendu en Conseil des Ministres.*

Sont donc uniquement visés par les paragraphes 1 et 2 les établissements congréganistes dépendant d'une congrégation autorisée. Le texte de la loi du 4 décembre 1902 et de l'article 13 de la loi de 1901, auquel elle renvoie sont absolument formels.

Or le paragraphe 3, concernant les propriétaires, mentionne exclusivement « ceux qui auront favorisé l'organisation ou le fonctionnement d'un *établissement visé par le présent article,* en consentant l'usage d'un local dont ils disposent. »

Pænalia non sunt extendenda ? On ne peut donc appliquer, les pénalités de cet article à des propriétaires *d'établissements d'une congrégation non autorisée* qui, nous venons de le démontrer, n'y sont aucunement visés.

M. Combes, en faisant voter la loi de 1902, a comblé une lacune de la loi de 1901. Tant qu'il n'aura pas, par une nouvelle loi, comblé la nouvelle lacune que nous venons de lui signaler, les propriétaires d'établissements congréganistes dépendant d'une congrégation non autorisée sont à l'abri des poursuites. Aucun tribunal, à moins de violer les règles fondamentales du droit, ne peut leur appliquer, par analogie, la loi du 4 décembre 1902.

Il convient de faire observer, au point de vue civil, que la présomption d'interposition de personnes édictée par l'article 17, § 2, 3°, de la loi du 1er juillet 1901, ne frappe que « le propriétaire de tout immeuble occupé par l'association **après qu'elle aura été déclarée illicite** ». Or, en vertu de l'article 16, il faut un jugement pour déclarer la congrégation illicite. Tant que ce jugement ne sera pas passé en force de chose jugée par l'expiration du délai d'appel ou du pourvoi en cassation, la présomption ne peut exister. Il faut en outre remarquer que le propriétaire peut toujours combattre cette présomption par la preuve contraire.

CONCLUSION

En résumé, si les parquets, obéissant aux injonctions ministérielles ou préfectorales, intentent des poursuites contre les anciens frères sécularisés et les propriétaires de leurs écoles, les moyens de défense paraissent être les suivants :

Les Instituts des frères en vertu de la loi et de l'aveu même du Gouvernement, constituaient des établissements d'utilité publique et non des congrégations religieuses.

Les frères peuvent, comme tous autres associés, sortir de l'association dont ils faisaient partie. Même, si on les considérait comme congréganistes, (ce qui n'est pas) ils peuvent sortir de leur congrégation. La loi du 18 germinal an X et le décret du 3 messidor an XII ne peuvent les viser, puisqu'ils ne sont pas ecclésiastiques.

Ce que le Gouvernement appelle la *sécularisation sur place* n'est pas défendu, puisque deux projets de lois sont déposés pour l'interdire.

Leur sécularisation étant régulière, aucune poursuite ne peut être intentée en vertu des articles 14 et 16 de la loi de 1901, puisqu'ils ne sont plus congréganistes, à supposer qu'ils l'aient jamais été.

Même en admettant que leur sortie de leur Institut ne doive pas être considérée comme valable, il y a dans ce cas deux hypothèses à envisager : 1° Ou bien l'Institut était, comme il a été démontré, un établissement d'*utilité publique*, et alors la loi de 1901 ne contient aucune disposition pénale contre les anciens membres d'un établissement d'utilité publique dissous ; — 2° Ou bien l'Institut était une congrégation, et alors la loi de 1901 n'est pas applicable, parce que, pour lui refuser l'autorisation, il fallait une loi et un vote d'une seule des deux Chambres ne peut remplacer une loi.

En ce qui concerne spécialement les propriétaires, en outre des moyens que nous venons d'indiquer, ils peuvent encore invoquer les suivants :

Aucune disposition de la loi de 1901 ne les atteint, l'article 16 ne renvoyant qu'au paragraphe 2 de l'article 8 et le paragraphe 3 ne pouvant les frapper sans un renvoi formel qui n'existe pas.

La loi du 4 décembre 1902 vise exclusivement les établissements non autorisés d'une congrégation autorisée et non ceux d'une congrégation *non autorisée.*

Les textes légaux sont absolument formels et il y a encore en France, n'en déplaise à M. le Ministre, des juges pour appliquer la loi !

H. G.

DOCUMENTS A CONSULTER

---

1. — ACTES D'AUTORISATION

NOTA. — *Nous citons les actes d'autorisation relatifs à l'Institut des Frères de l'Instruction chrétienne de Ploërmel; car ce sont eux qui étaient visés les premiers dans le projet de loi d'autorisation déposé par le Gouvernement et dans le décret de dissolution*

ORDONNANCE DU ROI DU 1er MAI 1822

Louis, par la grâce de Dieu, Roi de France et de Navarre, A tous ceux qui ces présentes verront, Salut,

Sur le rapport de notre Ministre Secrétaire d'État au département du Ministère de l'Intérieur ;

Vu les Statuts et règlemens d'une Association charitable qui désire se consacrer à desservir les écoles primaires des villes et des campagnes, dans les départements qui composent l'ancienne province de Bretagne, sous le titre de *Congrégation de l'Instruction chrétienne* ;

Vu notre ordonnance du 29 Février 1816, qui règle ce qui concerne l'instruction primaire dans tout le royaume ;

Vu la loi du 10 Mai 1806, le décret du 17 Mars 1808 et nos ordonnances concernant l'Université de France ;

Vu le mémoire de notre Conseil Royal de l'Instruction publique et l'approbation donnée par ce Conseil aux Statuts de ladite Congrégation,

Notre Conseil d'Etat entendu,
Nous avons ordonné et ordonnons ce qui suit :

Article premier. — La Société formée par les Sieurs De la Mennais et Deshaies, dans le but de fournir des Maîtres aux

Ecoles primaires des départements composant l'ancienne province de Bretagne, et désignée sous le nom de Congrégation de l'Instruction chrétienne, est autorisée aux termes de l'article 36 de notre ordonnance du 29 Février 1816, comme *association charitable en faveur de l'instruction primaire*. Elle se conformera aux lois et règlements relatifs à l'instruction publique, et notamment aux articles 10, 11 et 13 de notre susdite Ordonnance du 29 Février 1816, en ce qui concerne l'obligation imposée à tous les Instituteurs primaires d'obtenir du Recteur de l'Académie où ils veulent exercer, le brevet de capacité et l'autorisation nécessaires.

Art. 2. — Notre Conseil Royal de l'Instruction publique pourra, en se conformant aux lois et règlements de l'Administration publique, recevoir les legs et donations qui seraient faits en faveur de ladite Association et de ses Ecoles, à charge de faire jouir respectivement, soit l'Association en général, soit chacune des Ecoles tenues par elle, desdits legs et donations, conformément aux intentions des donateurs et testateurs.

Art. 3. — Le brevet de capacité sera délivré à chaque Frère de l'Instruction chrétienne, sur le vu de la lettre particulière d'obédience qui lui aura été délivrée par le Supérieur général de la dite Société.

Art. 4. — Notre Ministre Secrétaire d'État de l'Intérieur est chargé de l'exécution de la présente Ordonnance.

Donné en notre château des Tuileries, le premier mai de l'an de grâce 1822, et de notre règne le vingt-septième.

Signé LOUIS

Par le Roi :

Le Ministre Secrétaire d'État au Ministère de l'Intérieur,

Signé CORBIÈRE.

DÉCRET DU 9 MAI 1876

Le Président de la République Française

Sur le rapport du Ministre de l'Instruction publique et des Beaux-Arts,

Vu la demande formée par le Conseil d'administration de l'Institut des Frères de l'Instruction chrétienne, *légalement reconnu* par ordonnance royale] du 1er mai 1822 pour les cinq départements de la Bretagne exclusivement ;

Vu les Statuts et l'état de la situation financière de l'Institut ;

Vu l'état de l'actif et du passif de la Congrégation ;

Vu l'avis du préfet du Morbihan ;

Vu l'avis du Conseil supérieur de l'Instruction publique, en date du 20 décembre 1875 ;

Le Conseil d'Etat entendu,

Décrète :

ARTICLE 1er

L'Institut des Frères de l'Instruction chrétienne, dont le siège est à Ploërmel (Morbihan), *légalement reconnu comme association vouée à l'enseignement* par ordonnance royale du 1er mai 1822, pour les cinq départements de la Bretagne exclusivement, est admis, en la même qualité, à jouir, dans toute la France, des droits accordés par les lois aux associations religieuses vouées à l'enseignement.

ARTICLE 2

Les Statuts annexés au présent décret sont approuvés.

ARTICLE 3

Le Ministre de l'Instruction publique et des Beaux-Arts est chargé de l'exécution du présent décret.

Fait à Paris, le 9 mai 1876.

Signé : Mal DE MAC-MAHON.

Par le Président de la République :

Le Ministre de l'Instruction publique et des Beaux-Arts,

Signé : WADINGTON.

Pour ampliation

Le chef du cabinet,

L. DE LASTÉYRIE.

STATUTS APPROUVÉS PAR LE CONSEIL D'ÉTAT

ARTICLE 1er

L'Association des Frères de l'Instruction chrétienne a pour but l'enseignement primaire (élémentaire, supérieur ou professionnel), en France et aux Colonies, conformément aux programmes universitaires.

ARTICLE 2

Elle est gouvernée et représentée par un Frère Supérieur général assisté d'un conseil administratif de six membres au moins.

ARTICLE 3

Le Supérieur général est élu pour dix ans, par le Chapitre général de l'Association. Il est rééligible.

Le Conseil administratif est élu par le même Chapitre pour cinq ans ; néanmoins il est soumis à réélection toutes les fois qu'il y a lieu à élection pour le Supérieur général.

ARTICLE 4

Le Chapitre général se compose : 1° du Supérieur général et du Conseil administratif ; 2° des anciens Supérieurs généraux et conseillers ; 3° de 30 membres élus par les membres de l'Association ; 4° de délégués des établissements coloniaux.

ARTICLE 5

La Congrégation tient des écoles d'un ou plusieurs maîtres, des pensionnats, des externats, etc. Tous ces établissements peuvent être ou communaux ou libres, et sont fondés, en France, sur la demande des communes ou des particuliers, et aux Colonies, sur la demande de l'État.

ARTICLE 6

A défaut de traités spéciaux, le traitement des Frères employés comme instituteurs publics est celui qui est fixé par les lois et règlements qui régissent l'Instruction primaire.

ARTICLE 7

Les Frères de l'Instruction chrétienne conservent la propriété et la libre disposition de leurs biens, mais ils versent individuellement, chaque année, à la caisse commune de la Société, les économies qu'ils peuvent faire dans l'exercice de leurs fonctions.

ARTICLE 8

Sur les fonds de cette caisse, il est pourvu aux frais généraux de l'œuvre, à la fondation et à l'entretien des noviciats ou écoles normales, au soin des malades et des infirmes. Une retraite convenable est assurée aux vieillards, et l'Association fournit aux Frères les objets mobiliers qui ne leur sont pas fournis par les communes.

ARTICLE 9

Le Noviciat se recrute parmi les jeunes gens qui, aux qualités intellectuelles et morales convenables, joignent le goût et le désir de l'enseignement. La durée est de trois ans.

Chaque novice paye, quand il le peut, tout ou partie de sa pension, suivant les conditions convenues lors de son admission.

ARTICLE 10

Les acquisitions, aliénations ou échanges d'immeubles, les acceptations de dons et legs devront être autorisés par le Gouvernement.

Vu à la section de l'Intérieur, le 26 avril 1876,

Le Rapporteur :

Signé : DE LA COSTE.

Vu en Conseil d'État, le 3 mai 1876,

Le Ministre des requêtes, Secrétaire général du Conseil d'État,

Signé : A^{dre} FOUQUET.

Pour copie conforme
Le chef du cabinet,

L. DE LASTEYRIE.

AVIS DU CONSEIL D'ETAT DU 16 JANVIER 1901

En ce qui concerne les associations enseignantes.

Considérant que l'article 31 de la loi du 15 mars 1850, n'accordant aux supérieurs des associations religieuses reconnues comme établissements d'utilité publique le droit de présentation aux emplois d'instituteurs communaux, n'a nullement dérogé aux principes qui régissent les congrégations ;

Que les associations en question ne sauraient invoquer les décrets ou ordonnances qui, postérieurement à la date du 2 janvier 1817, les ont admises à jouir des droits accordés par les lois aux associations vouées à l'enseignement ou même *les ont explicitement reconnues comme établissements d'utilité publique pour soutenir qu'elles ont été constituées de ce fait en congrégations autorisées ;*

Qu'un décret rendu à cette époque ne pouvait, en effet, reconnaître valablement des associations qui, à raison de leur nature et de la qualité des personnes qui les composent, sont régies par des lois spéciales ;

Que, dès lors, les associations enseignantes admises à fournir des instituteurs communaux ou *reconnues d'utilité publique par des décrets ou ordonnances* postérieurs à la loi du 2 janvier 1817 ne sauraient être considérés comme des établissements *reconnus au sens de cette dernière loi.*

DÉCRET DU 9 AVRIL 1903 RETIRANT LES AUTORISATIONS

JOURNAL OFFICIEL DU 10 AVRIL

Le Président de la République Française,

Sur le rapport du Ministre de l'Instruction publique et des Beaux-Arts,

Vu les ordonnances et décrets des :

1er mai 1822 et 9 mai 1876 ; — 17 juillet 1822 et 29 décembre 1873 : — 25 juin 1823 ; — 17 septembre 1823 et 3 mars 1853, 3 décembre 1823 ; — 10 mars 1825 et 29 novembre 1829 ; — 16 novembre 1825 et 18 août 1860 ; — 10 janvier 1830 ; — 20 juin 1851 et 12 novembre 1868 ; — 4 mai 1854 ; — 19 août 1856 ; — 4 septembre 1856 ; — 10 janvier 1874 ;

Lesdits ordonnances et décrets *autorisant ou reconnaissant d'utilité publique* les Sociétés ou associations : — 1º de l'Instruction Chrétienne de Ploërmel ; — 2º de la Doctrine Chrétienne de Nancy ; — 3º des Frères de Saint-Joseph du Mans ; — 4º de l'Instruction Chrétienne du Saint-Esprit de Saint-Laurent-sur-Sèvre ; — 5º des Frères de Saint Joseph de Saint-Fuscien ; — 6º de l'Instruction Chrétienne du Sacré-Cœur de Paradis ; — 7º des Frères de Marie ou Marianistes ; — 8º des clers du Saint-Viateur, de Vourles ; — 9º des Petits-Frères de Marie de Saint-Génis-Laval ; — 10º des Frères de la Croix de Jésus de Menestruel ; — 11º des Frères de Saint-François-Régis, de la Roche-Arnaud ; — 12º des Frères des Écoles Chrétiennes de la Miséricorde de Montebourg ; — 13º des Frères de la Sainte-Famille de Belley ;

Vu les articles 13 et 18 de la loi du 1er juillet 1901, et l'article 14, paragraphe 1er, ainsi conçu :

« Nul n'est admis à diriger, soit directement, soit par personne interposée, un établissement d'enseignement, de quelque ordre qu'il soit, ni à y donner l'enseignement s'il appartient à une congrégation religieuse non autorisée. »

Considérant que l'autorisation légale ayant été refusée le

18 mars 1903 aux Sociétés et associations susnommées, les dispositions des actes du pouvoir exécutif qui les avaient *autorisées ou reconnues d'utilité publique en vue de l'enseignement*, sont inconciliables avec les prescriptions de l'article 14 de la loi 1er juillet 1901 ;

Le Conseil d'Etat entendu,

Décrète :

Art. 1er. — Sont rapportés les ordonnances et décrets ci-dessus visés des 1er mai 1822 et 9 mai 1876, 17 juillet 1822 et 29 décembre 1873, 25 juin 1823, 17 septembre 1823 et 3 mars 1863, 3 décembre 1823, 10 mars 1825 et 29 novembre 1829, 16 novembre 1825 et 10 août 1860, 10 janvier 1830, 20 juin 1851 et 12 novembre 1868, 4 mai 1854, 19 août 1856, 4 septembre 1856 10 janvier 1874.

Art. 2. — Le Ministre de l'Instruction publique et des Beaux-Arts est chargé de l'exécution du présent décret.

Fait à Paris, le 9 avril 1903.

Emile LOUBET.

Par le Président de la République :

Le Ministre de l'Instruction publique et des Beaux-Arts.

J. CHAUMIÉ.

II. — TEXTES DE LOIS RELATIFS
AUX ASSOCIATIONS VOUÉES A L'ENSEIGNEMENT

DÉCRET DU 18 AOUT 1792.

ARTICLE 6. — Tous les membres des congrégations employés actuellement dans l'enseignement public en continueront l'exercice *à titre individuel*, jusqu'à son organisation définitive.

DÉCRET DU 17 MARS 1808.
RENDU EN EXÉCUTION DE LA LOI DU 10 MAI 1806.

ARTICLE 109. — « Les frères des Ecoles Chrétiennes sont brevetés et encouragés par le grand-maître, qui visera leurs statuts intérieurs, les admettra au serment, leur pres-

-crira un habit particulier et fera surveiller leurs écoles. Les supérieurs de *ces congrégations* pourront être membres de l'Université. »

ORDONNANCE DU 29 FÉVRIER 1816.

Rendue en vertu de la loi du 10 mai 1806 et du décret du 17 mars 1808.

ARTICLE 36. — Toute association religieuse ou charitable, telle que celle des Écoles Chrétiennes, pourra être admise à fournir, à des conditions convenues, des maîtres aux communes qui en demanderont, pourvu que cette association soit *autorisée par nous* et que ses règlements et les méthodes qu'elle emploie, aient été approuvés par notre Commission de l'Instruction publique.

ARTICLE 37. — Les associations et spécialement leurs noviciats pourront être soutenus, au besoin, soit par les départements où il sera jugé nécessaire d'en établir, soit sur les fonds de l'Instruction publique.

ORDONNANCE DU 8 AVRIL 1824.

ARTICLE 12. — Les frères des Écoles Chrétiennes de Saint-Yon et des autres congrégations *régulièrement formées conserveront leur régime actuel.* Ils pourront être appelés par les évêques diocésains dans les communes qui feront les frais de leur établissement.

ORDONNANCE DU 21 AVRIL 1832.

ARTICLE 10. — A l'égard des frères des Écoles Chrétiennes et des membres de *toute association charitable légalement autorisée* pour former ou pour fournir des instituteurs primaires, le recteur remettra à chacun d'eux un brevet de capacité...

LOI DU 15 MARS 1850.

ARTICLE 31. — Les instituteurs communaux sont nommés par le préfet et choisis sur une liste d'admissibilité et d'avancement dressée par le Conseil départemental, soit sur la présentation qui est faite par les supérieurs pour les membres des *associations religieuses vouées à l'enseignement et autorisées par la loi ou reconnues comme établissements d'utilité publique*...

ARTICLE 34. — Les instituteurs adjoints appartenant aux *associations religieuses dont il est parlé à l'article 31* sont nommés et peuvent être révoqués par les supérieurs de ces associations...

ARTICLE 79. — Les membres ou novices des *associations religieuses* vouées à l'enseignement et autorisées par la loi ou *reconnues comme établissements d'utilité publique* sont dispensés du service militaire.

LOI DU 27 JUILLET 1872.

ARTICLE 20. — Sont, à titre conditionnel, dispensés du service militaire :...... 5° les membres et novices des associations religieuses vouées à l'enseignement et *reconnues d'utilité publique* et les directeurs, maîtres, adjoints, élèves maîtres des écoles fondées ou entretenues par des *associations laïques, lorsqu'elles remplissent les mêmes conditions,* pourvu toutefois que les uns et les autres, avant le tirage au sort, aient pris devant le recteur de l'Académie l'engagement de se consacrer pendant dix ans à l'enseignement, et s'ils réalisent cet engagement dans un des établissements de l'*association religieuse ou laïque,* à condition que cet établissement existe depuis plus de deux ans ou renferme trente élèves au moins.

LOI DU 15 JUILLET 1889.

ARTICLE 23. — En temps de paix, après un an de présence sous les drapeaux, sont envoyés en congé dans leurs foyers, sur leur demande, jusqu'à la date de leur passage dans la réserve : 1°.... Les instituteurs laïques, ainsi que les novices et membres des congrégations religieuses vouées à l'enseignement et *reconnues d'utilité publique* qui prennent l'engagement de servir pendant dix ans dans les écoles françaises d'Orient et d'Afrique subventionnées par le Gouvernement français...

DÉCRET DU 23 NOVEMBRE 1889.

Article 8. — **Annexe D.** — Note 2. — S'il s'agit d'un novice ou membre de congrégation, mentionner le titre sous lequel la congrégation a été *reconnue d'utilité publique*, rappeler la date du *décret...*

III. — PROJETS DE LOIS
DÉFENDANT LA SÉCULARISATION SUR PLACE
Déposés les 23 et 24 janvier 1903.

PROJET MEUNIER

M. Meunier propose d'ajouter à l'article 14 de la loi du 1er juillet 1901, les paragraphes additionnels qui suivent :

« La même interdiction s'applique : 1° Aux personnes qui ont appartenu et qui déclarent ne plus appartenir à une congrégation ayant son siège principal à l'étranger.

« 2° Aux personnes qui ont appartenu et qui déclarent ne plus appartenir à une congrégation ayant son siège principal en France.

« Toutefois, en ce qui concerne ces dernières seulement et si elles justifient n'être plus rattachées par aucun lien à la congrégation dont elles faisaient partie, ni à aucune autre, l'*interdiction est limitée aux communes où la congrégation possède ou a possédé des établissements.* »

PROJET MASSÉ

M. Massé propose de compléter l'article 14 comme suit :

« Est réputée personne interposée, agissant pour le compte de la congrégation, et comme telle tenue passible des peines édictées au paragraphe 3 du présent article, *celle qui après avoir quitté la congrégation fonde un établissement d'enseignement, ou enseigne dans la localité où elle a enseigné comme congréganiste* ou dans un établissement non autorisé ayant appartenu à la congrégation et situé dans une autre localité.

« Il en est de même des membres des congrégations autorisées ayant fait partie d'un établissement non autorisé légalement dissous. »

Cette proposition vient, on le voit, s'ajouter à celle de M. Meunier dont nous donnions le texte hier.

IV. — DÉCISIONS JUDICIAIRES

ADMETTANT LA SÉCULARISATION SUR PLACE

Jugement du tribunal correctionnel de Montpellier du 10 mars 1903.

Attendu que les membres des congrégations religieuses de femmes *n'étant pas ordonnés*, on ne saurait prétendre qu'elles ne peuvent se séculariser qu'à la condition de se retirer dans leur diocèse, puisqu'elles ne font partie d'aucun diocèse, et qu'en ce qui les concerne, *rien ne s'oppose à la sécularisation sur place* ;

Attendu que la prévenue allègue, et qu'il n'est pas dénié, qu'aux termes des statuts de la congrégation dont elle a fait partie, les vœux prononcés par ses membres ne les engageant que pour une période d'une année ; que ces vœux sont renouvelés tous les ans vers la fin du mois d'août lors d'une retraite qu'elles font à la maison mère, que c'est à la date du 26 août 1901 qu'elle a prononcé ses derniers vœux, que, ne les ayant pas renouvelées, elle se trouve depuis le 26 août 1902, *libérée de tout engagement vis-à-vis de cette congrégation et des supérieures* :

Attendu, en outre, que le ministère public ne rapporte pas la preuve que depuis cette date la prévenue ait pris part aux exercices religieux ou autres de cette Congrégation ou à la vie en commun, qu'elle a produit à l'appui de sa déclaration d'ouverture de l'école privée de La Boissière, *un certificat de la Supérieure, constatant qu'elle ne fait plus partie de cet Ordre, dont elle a quitté le costume pour prendre des vêtements civils*, et que, dans ces conditions, le ministère public ne rapporte pas la preuve que, depuis qu'elle a ouvert son école, la prévenue a fait partie d'une Congrégation religieuse.

COUR D'APPEL DE CHAMBÉRY
(9 Juin 1902).

En ce qui concerne les abbés Mousterlet, Gouelleux et Marchet :

Attendu que le sort tout entier de la double poursuite dirigée contre eux dépend uniquement du point de savoir *s'ils appartenaient encore à la Congrégation religieuse des Augustins de l'Assomption non pas à un moment quelconque des trois années qui ont précédé le réquisitoire introductif,* selon la formule ici très inexacte de l'ordonnance de renvoi et, ce qui est plus fâcheux encore, du jugement lui-même, mais seulement alors que, sous l'empire de la loi du 1ᵉʳ juillet 1901, et *au commencement du mois d'octobre de la même année, ils se sont trouvés réunis et enseignant dans l'établissement libre d'éducation secondaire de Notre-Dame des Châteaux.*

Que c'est là une pure question de fait, abandonnée aux investigations et à la sagesse des tribunaux, ainsi que tout le monde l'a reconnu dans les débats de la loi sus-visée :

Qu'il faut donc en rechercher attentivement la solution avec le secours de tous les indices, faits et pièces diverses, soumis à la Cour tant par le ministère public que par les prévenus ;

Que ceux-ci, sous l'aveu desquels, au moins pour deux d'entre eux, la prévention ignorerait leur qualité d'anciens congréganistes, n'ont cessé d'affirmer que, aussitôt après l'arrêt de la Cour d'appel de Paris prononçant la dissolution de la Société des Augustins, à la date du 6 mars 1900, *ils s'étaient décidés à rentrer et étaient effectivement rentrés dans le clergé séculier.*

Or, attendu que cette affirmation, maintenue et réitirée devant la Cour avec toutes les apparences d'une parfaite sincérité, n'est contredite par aucune preuve contraire et que les présomptions les plus sérieuses aussi bien que les documents les plus graves se réunissent pour la justifier.

Que d'abord on ne voit rien que de très naturel en ce que des ecclésiastiques, tous de nationalité française, encore fort jeunes et à peine entrés en religion, au point que l'un d'entre eux n'était alors que simple novice, aient préféré, une fois la Congrégation dissoute, rompre tous liens avec elle et reprendre leur liberté comme c'était leur droit et même leur devoir au point de vue de la loi civile, plutôt que de s'expatrier et de poursuivre en France une vie précaire, périlleuse et de courte durée ;

Qu'il n'y a rien non plus d'anormal en ce que, habitués à l'enseignement et en ayant le goût et les aptitudes, ils aient recherché un emploi semblable à celui qu'ils exerçaient auparavant.

Qu'il a été proclamé à plusieurs reprises aux cours des travaux préparatoires de la loi du 1er *juillet 1901, que les anciens congréganistes, une fois qu'ils ont cessé de l'être, peuvent enseigner de la même manière que tous les citoyens ;*

Qu'on ne saurait d'ailleurs faire aucun grief aux prévenus d'avoir, à défaut d'un autre établissement qui leur convint mieux ou qui eût besoin de leurs services, accepté ou demandé une chaire de professeur dans un pensionnat dépendant autrefois des Augustins, mais qui n'était pas dirigé par eux.

Qu'il n'importe pas davantage que cet établissement soit demeuré la propriété de l'un des membres de ladite Congrégation, celui-ci s'étant dessaisi de la jouissance depuis plusieurs années par un bail régulier, aux mains d'un tiers dont la qualité de simple prêtre n'est pas contestée, ni contestable, et qui en possède la maîtrise pleine et absolue.

Que rien ne serait plus injuste que d'attribuer à des circonstances fortuites, et dans tous les cas, secondaires, une signification et une portée qu'elles n'ont point et surtout d'en tirer des conséquences complètement démenties par tous les éléments de la cause ;

Que le ministère public ne fait aucune production d'où l'on puisse induire que les prévenus aient conservé le moindre rapport avec la congrégation dissoute ni qu'ils continuent à en suivre les statuts ou quelqu'une des pratiques ou exercices ;

Qu'ils vivent dans l'établissement de Notre-Dame des Châteaux comme tous les ecclésiastiques adonnés aux œuvres d'enseignement ; qu'ils n'ont d'autre chef que le directeur de ce collège, lequel n'est point et n'a jamais été congréganiste : que celui-ci les a rassemblés en qualité d'auxiliaires, qu'il leur assigne leur travail et qu'il les rétribue suivant l'usage.

Qu'enfin il résulte des pièces communiquées par la défense : que *chacun d'eux a été solennellement délié de ses vœux* (décret de la Congrégation des Evêques et Réguliers de Rome du 2 août 1901) ; 2° que chacun d'eux a été l'objet d'une ordonnance d'incorporation dans le clergé séculier (notamment ordonnance du 28 septembre 1901 de l'évêque de Moutiers) ;

Qu'à la vérité le décret ci-dessus visé de la Congrégation des évêques et Réguliers de Rome, n'ayant point subi la formalité voulue par l'article 1er de la loi du 18 germinal an X, manque, en France, de toute valeur légale, mais qu'il ne convient pas

moins sans doute de le relever à titre de simple fait et comme
élément essentiel du jugement à porter sur la situation des prévenus au regard des vœux qui constituaient la base même de
leur ancienne qualité de congréganistes :

*Que ces vœux formés sans le concours de l'Etat peuvent être
rompus et sont rompus de même et qu'il serait exorbitant de consi-
dérer le dispensé comme toujours soumis à des obligations antérieures parce que la remise qui lui en aurait été accordée par
l'autorité religieuse, seule compétente, n'aurait pas été formellement confirmée par l'autorité civile.*

Que les prévenus ont été ainsi sécularisés et que l'on ne peut
plus les qualifier de congréganistes, à moins d'aller jusqu'à dire
qu'ils ont joué une indigne comédie à laquelle la plus haute
puissance spirituelle se serait associée ;

Que de telles suppositions doivent être écartées de *plano*
lorsque, comme dans l'espèce, rien ne les autorise ; .

Que, d'autre part, les prévenus qui rigoureusement auraient
satisfait à leurs obligations judiciaires et légales en rompant
avec la Congrégation des Augustins pour la demande et l'octroi
de la dispense des vœux qui les liaient vis-à-vis d'elle, se sont
en outre fait incorporer dans le diocèse de Moutiers ;

Que les ordonnances prises à cet effet par l'évêque de ce diocèse ont été régulièrement portées à la connaissance de l'autorité administrative, laquelle n'aurait pas manqué de les attaquer
comme abusives devant le Conseil d'Etat si elles lui avait paru
susceptibles d'un reproche quelconque, soit au fond, soit dans
la forme ;

Que le ministère public, il est vrai, a soutenu qu'elles seraient
nulles parce que les anciens membres même français d'une Congrégation ayant son siège principal à l'étranger, comme les
Augustins de l'Assomption, ne pourraient pas être légalement
incorporés dans un diocèse quelconque du territoire national.

Mais attendu qu'on ne trouve nulle part une prohibition pareille, qui serait véritablement odieuse en ce qu'elle repousserait
la soumission du congréganiste et le condamnerait indirectement
à une rebellion ou à un banissement perpétuel ;

Qu'aussi aucune réserve de ce genre n'a été formulée expressément ou implicitement par la loi du 1er juillet 1901 : « *Ni le
Gouvernement, ni la Commission, a dit M. Combes au Sénat, ne
sont disposés à faire peser une flétrissure, de quelque nature qu'elle
soit, sur une personne quelle qu'elle soit pour un fait transitoire
de sa vie ;* »

Que le ministère public n'est guère mieux fondé à soutenir que l'incorporation suppose et exige l'attribution d'une fonction ecclésiastique concordataire, telle que celle du curé, vicaire ou desservant ; qu'il ne produit aucune loi ni aucun décret à l'appui de cette thèse, laquelle ne ressort nullement du caractère propre de l'incorporation ;

Qu'on ne voit pas pourquoi ni comment un évêque se trouverait empêché d'appeler ou de recevoir dans son diocèse les prêtres dont il aurait besoin pour le service des établissements d'instruction relevant de son patronage ;

Que l'instruction des enfants n'est certainement pas chose étrangère aux fonctions ecclésiastiques ;

Qu'enfin il n'appartient point à la cour d'infirmer ou d'écarter un acte épiscopal qui présente toutes les apparences de la régularité ;

Qu'ainsi après avoir sollicité et obtenu la remise entière de leurs vœux et ensuite par surcroît leur incorporation comme simples prêtres au diocèse de Moutiers, les prévenus y vivaient paisiblement sous la juridiction de l'Ordinaire, exerçant, sans la moindre plainte de personne et au profit des enfants pauvres de la contrée, une profession toute de dévouement qu'aucune loi ne leur interdisait, dans une maison d'instruction secondaire, ouverte et tenue d'une manière irréprochable, et où ils n'avaient d'autre chef que le directeur même de l'établissement, simple prêtre aussi, possédant sans conteste les aptitudes légales de sa fonction ;

Que l'on ne voit guère ce que raisonnablement et étant donné leur caractère ecclésiastique et leur vocation de professeurs ils auraient pu faire de plus ou de mieux pour se conformer à l'arrêt de la cour de Paris ainsi qu'à la loi du 1er juillet 1901, lesquels, en définitive, n'exigeaient d'eux qu'une seule chose, à savoir qu'ils cessassent d'appartenir à la Congrégation des Augustins ;

. . . .

Que tous les faits et documents analysés ci-dessus commandent à cet égard une réponse affirmative, et que dès lors les abbés Mousterlet, Gonelleux et Marchet n'ont enfrein ici ni l'article 14 ni l'article 16 de ladite loi, en admettant même que ce dernier article ne vise pas exclusivement les congrégations formées depuis le 1er juillet 1901 ;

Que, n'étant plus congréganistes, ils ne peuvent pas être inquiétés, ainsi que le proclamait le président de la Commission du Sénat, dans la séance du 22 juin : « Pour être poursuivi, disait-il, si l'on exerce une fonction enseignante, *il faudra appartenir encore à la congrégation*. La vérification de ce fait appartient aux tribunaux » :

Attendu, en ce qui concerne l'abbé Sylvestre, que le double délit dont la prévention lui impute la complicité n'étant point en fait établi, sa non-culpabilité à lui-même ne comporte aucune discussion.

Par ces motifs,

La Cour reçoit l'appel des prévenus ensemble.

COUR D'APPEL DE BESANÇON (Ch. Corr.)
(30 juillet 1902)

La Cour.

Attendu que l'information à laquelle il a été régulièrement procédé, comme des débats d'audience, il résulte la preuve que les sept prévenus dirigent, gèrent et administrent l'orphelinat agricole de Montmorot, dans lequel environ quarante orphelins ou enfants abandonnés reçoivent, les plus jeunes, une instruction primaire, et ceux âgés de plus de treize ans une instruction professionnelle ;

Attendu qu'*avant la loi du 19 juillet 1901 sur les Associations cet établissement était entre les mains de la congrégation des Salésiens* et que quatre membres suffisaient à en assurer les différents services ; que postérieurement à cette loi, après l'expiration du délai des trois mois qu'elle accordait aux congrégations pour demander au Gouvernement l'autorisation exigée ou pour se dissoudre, *l'orphelinat de Montmorot a continué à subsister sans qu'aucune modification apparente ait été apportée aux diverses manifestations de son activité et de la vie extérieure ; que telle est la reconnaissance qu'en a passée à l'audience le prévenu Roussin, qui n'a pas cessé d'en être le directeur depuis novembre 1900 ;*

Attendu qu'après l'expiration du délai de trois mois échéant le 3 octobre 1901, au lieu de quatre membres en assurant le fonctionnement, on constate que sept personnes en composent le personnel dirigeant, enseignant et surveillant ; que parmi ces sept personnes trois étaient attachées à l'établissement dès avant la promulgation de la loi sus-visée et que les quatre autres y ont été appelées postérieurement, mais que *tous avant d'arriver à Montmorot étaient affiliés à la Congrégation universelle des Frères Salésiens, ayant son siège sociale à Turin.*

Attendu qu'aucune demande en autorisation n'ayant été formée par les Salésiens de Montmorot, il apparaîtrait que les sept prévenus auraient contrevenu aux dispositions impératives de la loi de 1901, et qu'ils seraient passibles des peines requises contre eux, s'ils ne justifiaient pas s'être légalement dissous autant que congréganistes :

Attendu que les intimés soutiennent que depuis le mois de septembre 1901, c'est-à-dire dès avant le 3 octobre 1901, date à laquelle expirait le délai que la loi leur accordait pour prendre une décision ils ont cessé de faire partie de la congrégation des Salésiens, qu'actuellement ils sont des prêtres et des clers non congréganistes incorporés au diocèse de Saint-Claude et vivant sous la juridiction de l'évêque de ce diocèse.

. . . .

Attendu que d'autres faits relevés par M. l'avocat général révélerait encore la fraude commise par les prévenus ; que notamment ces derniers vivent actuellement des mêmes ressources qu'antérieurement à la loi c'est-à-dire d'une rente de 4000 francs provenant d'une donation faite aux Salésiens et de l'exploitation des mêmes terres, qui seraient la propriété d'une Société civile, immeuble loué à un domestique des Salésiens par un bail qui porterait en lui-même la preuve de l'interposition de la personne du preneur.

. . . .

Attendu, dans ces conditions, que quelque précises et graves que soient les présomptions invoquées par M. l'avocat général, la Cour ne pourrait leur reconnaître la force d'une preuve pleine et entière, qu'en appréciant les actes administratifs de l'évêque de Saint-Claude, en date d s 15 et 27 septembre 1901 et en les annulant directement ou indirectement puisque, pour juger que les prévenus sont congréganistes, élément essentiel des différents délits qui leur sont imputés, il faudrait que la Cour considérât comme non avenues les décisions de l'évêque les incorporant au diocèse de Saint-Claude, l'état de prêtre ou de clerc incorporé à un diocèse étant absolument exclusif de l'état de congréganiste ; que dès lors, tant que les décisions sus-visées subsisteront, la preuve à la charge du ministère public ne pourra être rapportée devant la juridiction correctionnelle ;

Par ces motifs :

Statuant sur les réquisitions de M. l'avocat général ;

Dit qu'en l'état, le ministère public ne fait point la preuve qui lui incombe de la qualité de congréganistes des sept prévenus ;

En conséquence, confirme le jugement dont appel qui a renvoyé sans peine, amende, ni dépens, les prévenus des fins des poursuites dirigées contre eux;

COUR D'APPEL DE DOUAI
(12 novembre 1902).

Attendu que la prévention soutient, conformément aux termes de l'ordonnance de renvoi, que, postérieurement au 3 octobre 1901 et *après la dispersion apparente de la Congrégation non autorisée des Frères de Saint-Vincent-de-Paul*, à laquelle il appartenait antérieurement, *le prévenu, Maurice Mayet, aurait continué à user des attributions qu'il recevait d'elle en dirigeant à Lille un patronage confié aux soins de ladite Congrégation* et tomberait ainsi sous l'application des dispositions pénales édictées par l'article 16 de la loi du 1er juillet 1901 contre ceux qui auront fait partie d'une Congrégation religieuse formée sans autorisation sur le territoire français ;

Attendu qu'il est constant et non dénié par le prévenu qu'antérieurement à ladite loi, *il était affilié à la Congrégation des Frères de Saint-Vincent-de-Paul, laquelle n'a ni sollicité ni obtenu l'autorisation dans les délais prescrits ; qu'il a, comme membre de cette Congrégation, été en 1898 préposé à la direction d'un patronage ou Cercle catholique établi à Lille, rue Saint-Sauveur, n° 23, dans une maison dont la propriété est au nom d'une Société civile, laquelle suivant acte authentique enregistré, s'est constituée pour l'achat, la location et l'exploitation d'immeubles destinés à des œuvres d'instruction et de moralisation de la classe ouvrière, sous la direction « autant que possible » des Frères de Saint-Vincent-de-Paul.*

Attendu qu'il est également constant et non dénié que, depuis le 3 octobre 1901 et jusqu'à ce jour, le prévenu Mayet est demeuré préposé à la direction de ce même patronage, avec cette seule modification dans l'état antérieur que deux membres de sa Congrégation qui l'assistaient se seraient retirés à l'étranger, mais qu'il soutient s'être, pour son compte personnel, entièrement séparé de la Congrégation à laquelle il avait appartenu, avoir été réintégré dans le clergé séculier sous la juridiction de l'ordinaire *et tenir ses attributions actuelles de l'archevêque de Cambrai.*

Attendu que, sans doute, le maintien de Mayet, fût-ce par l'au-

torité diocésaine, dans les mêmes fonctions et les mêmes attributions tenues auparavant par lui de ses supérieurs congréganistes,
est de nature à rendre *a priori* sa prétention suspecte, et que la
justice doit se tenir en garde contre les divers stratagèmes à
l'aide desquels les membres des Congrégations dissoutes peuvent
s'efforcer de continuer, sous la direction occulte de leurs supérieurs, l'œuvre de la Congrégation dont ils ne se seraient séparés qu'en apparence ;

Mais, attendu que, dans l'appréciation de cette question de
fait, le juge ne doit pas non plus perdre de vue *qu'il n'est pas
impossible et sans exemple que la dissolution de certaines Congrégations se soit réellement accomplie et le retour de leurs membres
à la vie séculière loyalement effectué et qu'en l'absence de toute
disposition législative renversant en cette matière l'ordre des
preuves, c'est à la partie poursuivante, quels que soient les difficul-
tés ou obstacles qu'elle y puisse rencontrer à rechercher et appor-
ter la preuve de la fraude ;*

Attendu que de l'information et de divers documents produits
par lui à l'audience, il résulte que le prévenu Mayet, *originaire
du diocèse de Lyon, a été incorporé au clergé de Paris le 2 mai
1889, et ordonné prêtre dans le même diocèse* le 22 septembre
1894 ; qu'il a été ensuite admis dans la congrégation des Frères
de Saint-Vincent-de-Paul ; que le 1er juin 1901, sur sa demande,
*l'archevêque de Cambrai, dans le diocèse duquel il était autorisé
à résider par lettre testimoniale annuellement renouvelable de
l'archevêque de Paris, l'a sécularisé et l'a nommé* par Commission épiscopale du 17 septembre suivant, chapelain du Cercle
ou patronage de la paroisse Saint-Sauveur à Lille.

Attendu enfin et surtout que le prévenu a versé aux débats un
document original dont l'authenticité est aussi établie que possible et l'importance capitale, duquel il résulte que, à la date du
28 août 1901, le supérieur général des Frères de Saint-Vincent-
de-Paul, Henri-Alfred Leclerc, portant à sa connaissance per-
sonnelle la dissolution par lui prononcée de cette Congrégation
en France, le déclare relevé de tous les liens qui l'attachent à
celle-ci ;

Attendu que jusqu'à preuve contraire, il apparaît de sem-
blables justifications, dont la sincérité n'est pas attaquée ni la
simulation démontrée par le ministère public, que, dès avant
le 3 octobre 1901, *Mayet, avait, par sa volonté et le consentement
de son supérieur, cessé d'appartenir à la Congrégation dont il
avait été membre,* était redevenu prêtre séculier et s'était effectivement soumis à la juridiction de l'Ordinaire ;

Qu'à l'encontre de ces justifications il n'est ici articulé ni prouvé aucuns faits ou actes positifs et extérieurs desquels il soit permis d'induire avec certitude suffisante que le prévenu aurait continué de collaborer à l'œuvre de la Congrégation des Frères de Saint-Vincent-de-Paul en obéissant à ses règles et aux ordres de ses chefs : *que ce fait isolé qu'il continuerait à diriger, mais sous l'autorité diocésaine, le patronage de la rue Saint-Sauveur, alors qu'à défaut de Frères de Saint-Vincent de Paul cette direction pouvait être confiée à tous autres, d'après les statuts de la Société civile qui l'a fondé, n'est pas absolument incompatible avec sa réintégration sincère dans le clergé séculier.*

Attendu *qu'il a été reproché au prévenu de ne pas s'être conformé aux prescriptions de l'article 2 du décret du 3 messidor an XII, en omettant de se retirer dès* la dissolution de sa Congrégation, *soit dans son diocèse natal,* Lyon, *soit dans son diocèse d'adoption,* Paris, de s'être fait séculariser dans le diocèse de Cambrai, dans lequel il n'était que temporairement autorisé à résider par l'*exeat* de l'archevêque de son diocèse d'ordination, et enfin *de n'avoir pas été pourvu d'un emploi prévu par les lois et règlements* ;

Mais attendu *qu'il n'appartient pas à la juridiction civile de se prononcer sur la régularité de ces divers actes, relevant exclusivement de la police des cultes et de l'autorité administrative ;*

Attendu, au surplus, qu'en admettant même que la sécularisation dont excipe le prévenu n'ait point été strictement effectuée en conformité des règlements et usages en vigueur dans l'administration des cultes, les auteurs responsables de ces irrégularités seraient au premier chef les autorités ecclésiastiques qui les auraient autorisées et consacrées, bien plus que leur subordonné qui s'y serait soumis ; qu'elle ne pourrait avoir cette conséquence que, *en dépit de sa volonté contraire et du relèvement consenti par ses supérieurs, il soit resté congréganiste et délinquant malgré lui ;* que, dépourvues de toute sanction pénale, ces irrégularités ne pourraient être retenues par la juridiction répressive que comme révélatrices d'une fraude commune, mais qu'il suffit, pour écarter la portée nécessaire de semblable déduction, de remarquer que la complaisance des mêmes autorités épiscopales, si complaisance coupable il y avait eu, pour lui permettre d'éluder la loi, lui aurait permis de procéder aussi facilement et en atteignant le même but à une sécularisation même simulée, mais ayant toutes les apparences de la régularité :

Attendu qu'en l'état la prévention n'est donc pas suffisamment établie ;

Par ces motifs :

Statuant tant sur l'appel du prévenu que du ministère public.

La Cour infirme le jugement entrepris ;

Acquitte Maurice Mayet.

Et le renvoie, sans dépens, des fins de la poursuite.

TRIBUNAL CORRECTIONNEL DE MARSEILLE
(4ᵉ Cʜ.).
23 Juin 1902).

Le Tribunal :

Attendu que l'abbé **Perrot** et ses co-inculpés sont prévenus d'avoir, après la dissolution légale de la Congrégation des Pères Salésiens de Dom Bosco continué à former sans autorisation une Congrégation par conséquent illicite et d'avoir, étant membres de cette Congrégation, donné l'enseignement.

Attendu que, si les prévenus reconnaissent avoir appartenus à l'ordre des Salésiens, ils soutiennent ne plus en faire partie, avoir été déliés de leurs vœux par le Pape et incorporés dans le diocèse de Marseille en vertu d'ordonnances individuelles de l'évêque, qu'ils présentent aux débats ;

Attendu que la maison d'éducation dite l'Oratoire de Saint-Léon à Marseille, comptait douze congréganistes ; que quatre d'entre eux n'ayant pas voulu renoncer à leurs vœux, ont quitté l'établissement ; que les autres qui sont les prévenus d'aujourd'hui, après s'être fait séculariser, ont été attachés à diverses paroisses de Marseille, en qualité de prêtres auxiliaires ; qu'il est vrai qu'ils ont continué à exercer leurs fonctions à l'Oratoire de Saint-Léon, mais que cette maison ne dépend plus du Supérieur général des Salésiens ; que, dans ces conditions, les prévenus ne faisant plus partie d'une Congrégation, il semble qu'ils ne peuvent pas tomber sous le coup de la loi de 1901.

Attendu qu'on soutient néanmoins que leur sécularisation est irrégulière, en ce sens qu'ils auraient contrevenu à l'article 2 du décret de messidor an XII qui obligeait les ecclésiastiques faisant partie des diverses congrégations dissoutes, spécialement désignées. « à se retirer dans le plus bref délai, dans leur diocèse, pour y vivre conformément aux lois et sous la juridiction de l'ordinaire. »

Attendu, enfin, que la prévention, même en admettant comme régulière la sécularisation des inculpés, n'en considère pas moins cet acte comme un subterfuge pour éluder la loi *en se basant sur ce qu'ils n'ont pas quitté l'établissement où ils enseignaient comme Salésiens et qu'ils continuent à donner comme prêtres le même enseignement aux mêmes enfants.*

Mais que si, comme cela a été démontré, ils n'appartiennent plus à une congrégation dissoute, il importe peu qu'ils soient restés dans le même local ; qu'une absence plus au moins prolongée n'aurait pas changé leur situation juridique et que le fait de n'avoir pas voulu interrompre un seul instant leur œuvre de dévouement ne peut leur être reproché.

Qu'ainsi la prévention ne se trouve pas justifiée, et que surtout l'intention délictueuse des prévenus ne résulte pas des débats ;

Par ces motifs :

Acquitte les nommés...

TRIBUNAL CORRECTIONNEL DE MONTPELLIER
(25 juin 1902).

Attendu que tous les susnommés *ont appartenu à la Congrégation religieuse* dite des Salésiens dont le siège est à Turin, c'est-à-dire qu'ils avaient promis obéissance au supérieur de l'Ordre et se sont engagés à en observer la règle, les uns, les sieurs Véran, Bacon et Jaboulet par des promesses temporaires, qui les engageaient pour une période de trois ans, savoir les sieurs Véran et Jaboulet à partir du mois de mars 1900, et le sieur Bacon à partir du mois de mars et tous les autres en vertu de vœux perpétuels :

Que la Congrégation religieuse des Salésiens n'est pas autorisée conformément à l'article 13 de la loi du 1er juillet 1901 ; qu'au moment où cette loi est entrée en vigueur, ils ne se sont pas dispersés, *qu'ils ont continué à donner l'enseignement professionnel à l'orphelinat du Pont-Juvénal,* qu'ils n'ont pas sollicité l'autorisation, conformément aux dispositions de l'article 18 de la loi, et qu'ils sont poursuivis pour avoir contrevenu aux articles 8, 14 et 18 de la loi précitée ;

Attendu qu'à cette poursuite, les prévenus répondent qu'ils ont obtenu individuellement à la date du 10 septembre dernier, une lettre du cardinal Gotti, préfet de la Sacré Congrégation des Evêques et Réguliers de la Cour de Rome, constatant que cette Congrégation *les a relevés de leurs vœux perpétuels ou promesses temporaires ; que, depuis lors ils ont cessé de faire partie de la Congrégation religieuse des Salésiens,* que ceux d'entre eux qui avaient été ordonnés prêtres, et qui par conséquent pouvaient faire partie d'un diocèse, ont été incorporés dans le diocèse de Montpellier par décision de l'évêque de ce diocèse qui les a nommés aux fonctions qu'ils occupent en ce moment à l'établissement du Pont-Juvénal, savoir : le P. Virion, à la date du 15 janvier 1902 ; les sieurs Hamel, Olive, Binachon, Jadoul, Féty et Chenevier, par décision du 12 septembre 1901 ;

Attendu, en ce qui concerne tous les prévenus, que ce n'est que par leurs aveux que la prévention a su qu'ils avaient appartenu à l'Ordre des Salésiens, mais qu'en même temps ils ont déclaré qu'ayant été relevés de leurs vœux par les décisions de la S. C. susvisées, ils avaient cessé de faire partie de cette Congrégation et s'étaient sécularisés, c'est-à-dire *avaient renoncé à suivre la règle de l'Ordre auquel ils avaient appartenu et d'obéir à leur supérieur ;*

Attendu que ces aveux sont invisibles et que, par suite, le ministère public ne rapporte pas actuellement la preuve du délit qu'il poursuit ;

. . . .

Attendu que le ministère public objecte que la sécularisation des prévenus ne serait pas régulière parce qu'ils ne se sont pas dispersés et parce qu'ils ne se sont pas conformés aux prescriptions de l'article 2 du décret du 3 messidor an XII ;

Attendu qu'aucune règle n'est tracée aux congréganistes pour arriver à leur sécularisation, qu'en principe la volonté de s'affranchir de la règle de l'Ordre auquel ils appartenaient et de l'obéissance qu'ils avaient jurée à leur supérieur suffit, que les prévenus affirment qu'ils ont eu cette volonté, que les lettres de la S. C. ne peuvent avoir pour effet que de faire disparaître un scrupule de conscience, qu'elles sont du domaine du for intérieur et que le Tribunal n'a pas même à s'en occuper ;

Attendu que si les prévenus pouvaient être astreints à se disperser, c'était en tant que membres d'une Congrégation religieuse non autorisée, mais que, s'ils ont réellement perdu cette qualité, ils trouvent au contraire dans l'article 1er de la loi du 1er juillet 1901 le droit de s'associer librement ;

Attendu que l'article 2 du décret du 3 messidor an XII est ainsi conçu : « Les ecclésiastiques composant les dites Congrégations ou associations se retireront dans le plus bref délai dans leurs diocèses pour y vivre conformément aux lois et sous la juridiction de l'Ordinaire ; »

Attendu que ce serait ajouter à la loi que de dire que les membres des Congrégations dissoutes devront se retirer dans leurs diocèses d'origine, que le texte ne comporte pas en effet ce dernier mot ;

Attendu que cet article ne saurait être applicable aux sieurs Raygasse, Bacon, Pastol, Genieys, Jaboulet, Faure et Véran, qui, *n'étant pas ordonnés prêtres, ne peuvent pas avoir de diocèse.*

. . . .

Par ces motits,
Le Tribunal relaxe tous les prévenus des fins de la poursuite sans dépens.

TRIBUNAL CORRECTIONNEL DE GRENOBLE
(10 Juillet 1902).

Attendu que les sieurs Pétrement, Caffenne et Curioz sont prévenus d'avoir, depuis le mois d'octobre 1901, appartenu à la Congrégation religieuse non autorisée des Pères Augustins de l'Assomption qui ne s'est pas conformée dans le délai voulu aux prescriptions de la loi du 1er juillet 1901, contrevenu aux dispositions 16, 18 et 8 de ladite loi *en faisant partie de cette Congrégation et en continuant son œuvre,* avec cette circonstance aggravante que le sieur Pétrement qu'il avait la qualité d'administrateur ; que ce dernier ainsi que le sieur Caffrenne sont en outre inculpés d'avoir contrevenu aux dispositions de l'article 14 de la même loi en donnant l'enseignement à l'Alumnat de Miribel-les-Echelles qu'enfin le sieur Meyer, curé de Miribel-les-Echelles est inculpé de s'être rendu complice, en sa qualité de directeur des études de l'Alumnat, de ce dernier délit.

Sur ce qui concerne les sieurs Pétrement
Caffenne et Curioz

Attendu que ces inculpés reconnaissent avoir fait partie de la Congrégation non autorisée des Pères Augustins de l'Assomption ; mais qu'ils prétendent qu'en suite de l'arrêt de la Cour d'appel de Paris du 6 mars 1900 qui a prononcé la dissolution de cette congrégation, *ils ont rompu tous liens avec elle* et sont rentrés dans le clergé séculier, après s'être fait relever de leurs vœux par la Cour de Rome, et avoir obtenu individuellement de l'évêque de Grenoble des lettres en date du 10 avril 1900 dont ils produisent les originaux et qui les ont incorporés dans le clergé séculier du diocèse ;

Attendu, en fait, que le tribunal doit tout d'abord constater que ces lettres de sécularisation sont antérieures de quatorze mois à la promulgation de la loi du 1er juillet 1901, et ont été sollicitées et obtenues à une date où le projet de loi n'avait pas encore été déposé ;

Que d'autre part, suivant acte reçu le 2 mai 1900 par Me Chabert, notaire, l'immeuble constituant l'Alumnat et son mobilier ont été vendus par les trois Assomptionnistes qui en étaient les propriétaires, au sieur Buissière, aumônier à Voiron, pour le prix de 50000 fr. réellement payé, et quittancé dans l'acte ;

Que, par acte du 20 juin reçu par le même notaire, l'abbé Buissière a loué l'immeuble et le mobilier par lui acquis à l'abbé Meyer pour le prix annuel de 2300 francs ; que le paiement du prix du bail est attesté par des reçus produits ·

Attendu que ces actes de vente et de location n'ont point fait, jusqu'à ce jour, l'objet d'une demande d'annulation et que provision leur est due :

Attendu que deux des cinq Assomptionistes qui enseignaient à l'Alumnat avant l'arrêt de 1900, ont quitté la localité ; que si bien, les trois prévenus, de nationalité française, sont demeurés à Miribel-les-Echelles, ils n'habitent cependant pas en commun, que seul le sieur Pétrement loge à l'Alumnat, que le sieur Caffène qui a même rempli postérieurement à sa sécularisation et pendant plus de deux mois les fonctions de vicaire rétribué par l'Etat et continue à prêter son concours au desservant, réside au presbytère, que le sieur Curioz, exerçant en même temps et avec l'autorisation de l'évêque du diocèse, la profession d'imprimeur, habite aussi dans un local séparé et *que tous les trois ont adopté le costume ecclésiastique* ; qu'il n'a point été démontré qu'ils aient conservé des relations avec les membres de la Congrégation, ni surtout *qu'ils se soient maintenus sous la dépendance des supérieurs de cette congrégation.*

Attendu, il est vrai, qu'on leur reproche d'avoir continué l'œuvre des Assomptionistes, soit en donnant l'enseignement comme par le passé aux enfants pauvres qui se destinent au sacerdoce, soit en éditant les mêmes publications, mais, attendu que l'œuvre ne s'iden-

tifie pas avec la Congrégation, et que, d'autre part, il est assez naturel que l'autorité diocésaine, qui tenait à conserver cette œuvre, ait voulu maintenir à sa tête ceux qui avaient particulièrement contribué à son développement, que l'œuvre subsistant, la continuation s'imposait des publications par les profits retirés et les dons qu'elle provoquait et qui assuraient son existence ;

Attendu que tous ces faits, qui doivent être retenus par le tribunal, donnent tout au moins au système des prévenus une apparence de sincérité, que si un doute subsistait, il devrait leur profiter.

Attendu qu'ainsi la prévention ne se trouve point justifiée en fait.

Attendu que le second délit résultant de la contravention, aux dispositions de l'article XIV de la loi de 1901 ne peut davantage être retenu à la charge des sieurs Pétrement et Caffene ; qu'en effet, l'interdiction de continuer à donner l'enseignement n'est prononcée qu'à l'encontre des membres des Congrégations non autorisées et non pas de ceux qui, l'ayant été antérieurement s'en sont volontairement séparés.

Attendu que le sieur Meyer ne peut-être complice d'un délit dont la preuve n'est pas rapportée ;

Par ces motifs :

Relaxe sans dépens des fins de la prévention les sieurs Pétrement, Caffène, Curioz et Meyer.

TRIBUNAL CORRECTIONNEL D'AMIENS
10 DÉCEMBRE 1902

Le Tribunal,

Attendu que les sieurs Lasfargues et Nansot sont renvoyés devant la juridiction correctionnelle pour avoir, appartenant à l'association connue sous le nom de Frères de Saint Vincent de Paul, Congrégation religieuse non autorisée : *1° continué à vivre en commun à l'orphelinat de Saint Vincent de Paul, rue des Deux-Ponts, au Petit-Saint-Jean ; 2° Dirigé cet orphelinat, établissement d'enseignement, ou donné l'enseignement :* délits prévus et punis par les articles 18, 16, 14 et 8, paragraphe 2 de la loi du 1er juillet 1901.

Attendu que le Ministère public a à prouver l'existence actuelle de la Congrégation, car le fait d'appartenir à la Congrégation non autorisée est l'élément primordial des délits reprochés qui ne peuvent subsister sans lui ;

Attendu d'abord qu'aucun renseignement digne d'attention n'a été fourni sur l'existence postérieurement au 3 octobre 1901 de la Congrégation des Frères de Saint Vincent de Paul, soit en subsistant en France avec son organisation entière, ou s'installant même à l'étranger en maintenant ses membres dispersés en France sous l'empire d'une direction commune ;

Qu'en effet, toutes présomptions et même preuves tirées des documents mêmes de la cause sont en faveur et à l'appui d'une dissolution effective, antérieurement au 3 octobre 1901, d'une désorganisation consommée, de l'anéantissement du corps par le détachement de ses parties, du déliement des obéissances par le relèvement des vœux, dissolution librement consentie par l'effet d'une résolution réfléchie :

Que, pour qu'il existât dans l'espèce une Congrégation, il faudrait donc apercevoir une reconstitution nouvelle, en violation de l'article 16 de la loi de 1901 ;

Attendu que la présence continuée des sieurs Lasfargues, supérieur et Nansot, directeur, à l'orphelinat du Petit-Saint-Jean n'équivaut pas à cette reconstitution d'une Congrégation à laquelle ils appartiendraient ;

Que, en effet, l'établissement du Petit-Saint-Jean est un établissement dépendant d'une association laïque, dite association libre pour l'éducation de la Jeunesse ouvrière, reconnue d'utilité publique par décret du 14 août 1874 ;

Que les fonctions que Lasfargues et Nansot exerçaient leur étaient attribuées par le Conseil d'Administration de la dite Société ;

Que l'exercice de ces fonctions n'implique même pas une idée d'association quelconque entre les titulaires, mais une consécration individuelle de leurs personnalités à l'œuvre définie ;

Que Lasfargues et Nansot n'étant pas démontrés appartenant actuellement à une Congrégation non autorisée existante, il devient sans utilité de rechercher à l'égard des prévenus quels doivent être les éléments d'une sécularisation parfaite ;

Qu'enfin, dans les conditions où les prévenus se trouvent placés, on ne peut leur imputer à délit :

1º La continuation de leur vie en commun ;

2º Le fait d'avoir dirigé un établissement d'enseignement ou d'y avoir donné l'enseignement ;

Qu'ils doivent donc être renvoyés purement et simplement des fins de la poursuite ;

Par ces motifs :

Acquitte.......

NOTA. — Ce jugement a été confirmé par la Cour.

V. — Arrêt décidant que tant que l'autorisation n'est pas refusée, il n'y a pas délit pendant le délai de grace.

COUR DE CASSATION (Ch. crim.).
(6 novembre 1902).

La Cour,

Sur le moyen pris de la violation par fausse application de l'article 16 de la loi du 1er juillet 1901, ainsi conçu : « Toute Congrégation formée sans autorisation sera déclarée illicite. Ceux qui en auront fait partie seront punis des peines édictées à l'article 8 § 2. La peine applicable aux fondateurs, administrateurs, sera portée au double » ;

Attendu que, selon le pourvoi, ce texte ne viserait que les Congrégations formées postérieurement à la promulgation de la loi du 1er juillet 1901.

Mais attendu que l'article 16 embrasse, dans la généralité de sa rédaction, toutes les Congrégations non autorisées, quelle que soit l'époque de leur formation ; que le législateur n'aurait pu, sans se contredire gravement, établir des peines contre les membres d'une Congrégation créée sans autorisation après la promulgation de la loi, et laisser impunis ceux qui auraient continué à faire partie d'une Congrégation dès lors existante et non autorisée ; *que toute la différence à faire entre les deux cas, au point de vue pénal, consiste en ce que la personne qui s'affilierait à une Congrégation formée sans autorisation, après la promulgation de la loi, se trouverait immédiatement en état de délit, tandis que, s'il s'agit d'une Congrégation antérieurement existante, le délit n'a pu, aux termes de l'article 18, parag. 1er commencer que trois mois après la promulgation de la loi et faute d'une demande d'autorisation faite dans les délais ;*

Et attendu qu'il résulte des constatations de l'arrêt attaqué que les onze demanderesses font partie de la Congrégation des Petites-Sœurs de l'Assomption ; que cette Congrégation dont la création est anté-

rieure à la loi du 1er juillet 1901, n'a jamais été autorisée et a laissé
expirer le délai terminé par l'article 18, sans demander l'autorisation :
d'où il suit qu'elle s'est trouvée dissoute de plein droit le 3 octobre 1901 et que sa continuation de fait constitue une formation
nouvelle, au sens de la loi de 1901 ;

Par ces motifs,
Rejette.

Vannes. — Imprimerie LAFOLYE Frères